ピンとくる仕事や先輩を見つけたら、巻末の　　　　　　　　　　　　　　かコピーして、
手もとに置きながら読み進めてみましょう。

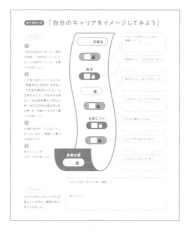

ワークシート
「自分のキャリアをイメージしてみよう」

ワークシート
「自分にとって大切なことを考えてみよう」

このワークシートは、自分の未来を想像しながら、
自分が今いる場所を確認するための、強力なツールです。

STEP1 から順にこのワークに取り組むと、
「自分の得意なこと」や「大切にしていること」が明確になり、
思わぬ気づきがあるでしょう。

そして、気づいたことや思いついたことは、
何でもメモする習慣をつけるようにしてみてください。

迷ったとき、くじけそうなとき、記入したワークシートやメモをふりかえれば、
きっと、本来の自分を取り戻し、新たな気持ちで前へと進んでいけるでしょう。

さあ、わくわくしながら、自分の未来を想像する旅に出かけましょう。

ボンボヤージュ、よい旅を！

ジブン未来図鑑編集部

ジブン未来図鑑

キャラクター紹介

「食べるのが好き！」
メインキャラクター
ケンタ
KENTA

参謀タイプ。世話好き。
怒るとこわい。食べるのが好き。

「演じるのが好き！」
メインキャラクター
カレン
KAREN

「動物が好き！」
メインキャラクター
アンナ
ANNA

ムードメーカー。友だちが多い。
楽観的だけど心配性。

「おしゃれが好き！」
メインキャラクター
ユウ
YŪ

人見知り。ミステリアス。
独特のセンスを持っている。

リーダー気質。競争心が強い。
黙っているとかわいい。

「デジタルが好き！」
メインキャラクター
ダイキ
DAIKI

ゲームが得意。アイドルが好き。
集中力がある。

職場体験完全ガイド＋

ジブン未来図鑑

JIBUN MIRAI ZUKAN

（4）

演じるのが好き！

俳優　　　タレント　　　アーティスト　　　ユーチューバー

CONTENTS
ジブン未来図鑑 職場体験完全ガイド＋

MIRAI ZUKAN 03

アーティスト

MIRAI ZUKAN 04

ユーチューバー

ACTOR

俳優

どうすれば
俳優に
なれるの？

台本は
どうやって
覚えるの？

撮影がないとき
なにしてるの？

どうすれば
演技が
うまくなるの？

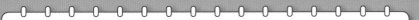

俳優ってどんなお仕事？

テレビやインターネットのドラマ、映画、舞台などで、脚本にそって役を演じる人を俳優とよびます（役者とも、また女性の俳優は女優とよぶこともあります）。俳優には、与えられた役を理解し、演技で表現する力がもとめられます。長時間の撮影や、深夜までの撮影もあるため、体力が必要です。監督をはじめ、演出家、共演する俳優、カメラマン、衣装や大道具などおおぜいのスタッフがかかわるため、協力して進めていくコミュニケーション能力も欠かせません。俳優の多くは事務所に入り、仕事の管理をマネージャーにまかせて、演技に集中します。すべての人がすぐに役を得られるわけではなく、アルバイトをしながらオーディションを受け、チャンスを待つ人もいます。

給与
（※目安）

10万円
くらい〜

役の大きさや経験で大きく変わります。ドラマや映画で主役を演じると1本（ドラマなら1回）につき数百万円といわれ、エキストラだと1日で数千円程度です。

※既刊シリーズの取材・調査に基づく

俳優に なるために

ステップ 1

学校やワークショップで演技を勉強する
演劇部や劇団のワークショップ、養成所などで演技を学ぶ。多くの作品を見ることも大事。

ステップ 2

芸能事務所や劇団に入る
オーディションなどを受けて、芸能事務所や劇団に入る。事務所にスカウトされることも。

ステップ 3

経験を積む
役のオーディションを受けるなどして経験を積むうちに、指名されるケースも。

こんな人が向いている！

演技をするのが好き。

想像するのが好き。

協力してつくるのが好き。

努力を続けられる。

体調管理ができる。

もっと知りたい

学歴や資格は必要ありませんが、自分の演劇表現をみがく必要があります。独学も可能ですが、演劇や映画のワークショップに参加すると、プロの表現を学べます。音楽やダンスなど、ほかの表現を身につけることも、演技力の向上に役立ちます。

大正時代に生きた女性を演じています。いろいろな役を演じることができるのがこの仕事のおもしろさです。

どんな状況でも
与えられた役をしっかりと演じる

　山田さんは芸能事務所に所属し、テレビドラマや映画、舞台でさまざまな役を演じています。役を得るには大きく2つの流れがあります。ドラマなど作品の制作側から「この役をやりませんか」とオファーされる場合と、やりたい役のオーデイションを受ける場合です。とくに無名のうちは、自分の演技をどんどん見せなければ、まわりに「どんな演技ができるのか」「どんな個性がある俳優なのか」が伝わらないため、山田

さんも事務所に入ってすぐのころはたくさんオーディションを受けました。たとえセリフが少なくても、そこで与えられた役をしっかりと演じることで、プロデューサーや映画監督たちの目にとまり、しだいにいろいろな役のオファーがくるようになっていきました。

　新しい役が決まると、まず台本がとどきます。たいてい本番の2か月前くらいにとどきますが、現場によっては2週間前など、ぎりぎりになることもあります。映画や演劇の場合は、完成した台本がわたされることが多いですが、連続ドラマだと、途中までの台本がまずわたされ、撮影しながら続きをわたされます。視

俳優　山田真歩さんの仕事

聴者の反応を見て、展開が変わることもあります。

　本番まで、演劇では出演者がそろって何度も稽古をして意見を交わします。しかし、ドラマや映画では事前に稽古はなく、俳優がそれぞれで役の練習をします。台本を読み合うセリフ合わせやリハーサルをすることもありますが、衣装合わせ（役者が実際に衣装を着てみること）だけして、本番にのぞむことも少なくありません。そのため、疑問や役のイメージなどの相談があれば、衣装合わせのときに演出家やスタッフに確認します。いきなりの本番でも、演出家の指示のもと、山田さんはオーケストラで楽器を演奏するように、ほかの俳優と息を合わせて、練習の成果を発揮します。

歩きながら台本を読み役のイメージをふくらませる

　年齢や仕事、考え方、生きる時代などがちがうさまざまな役をどのようにつかんで演じるのでしょう。山田さんは、台本がとどいたら何度も読み、まずは自分の役が作品のなかでどういう位置づけなのかをつかみます。同時に、参考になりそうな本を読んだり、人に話を聞いたりして、その役がどんな人物かを理解しようとつとめます。その人物が好きそうな音楽や洋服、食事などを想像し、ふだんの生活に取り入れたりもし

ドラマの撮影で、演出家の指導を受ける山田さん。いい作品をつくるため、現場はみんな真剣です。

て、文字に書かれていることを立体化していくのです。

　セリフは、とにかくたくさん声に出して読んで覚えます。歩きながら読み、セリフが体に入っていくようにしています。声に出すと、いろいろなイメージがわいてくるので、それをメモしながらさらに想像をふくらませます。このように、山田さんは台本を手がかりにしながら、探偵のように役の個性をさぐることに多くの時間を使っています。

　たくさんの準備をしてむかえる本番は、あっという間です。俳優はスポットライトをあびるはなやかな仕事だと思われがちですが、実際は、地道に役づくりをする時間がほとんどなのです。本番に向けて、体力をつけ、体調をととのえることも大事です。

　撮影が終わると、作品をつくり上げたチームは解散します。打ち込んできた演技の仕事が終わり、また次の役づくりがはじまります。新しい役を演じるたびに、ものの見方が広がるのが俳優の仕事のおもしろさです。同時に、悪役やきらわれる役もふくめ、いろいろな生き方を受け入れることがもとめられます。山田さんはふだんから人にすすめられた作品をどんどん見るなど、幅広いものの見方ができるように努力しています。日本舞踊を習って日本の伝統を学んだり、文章や絵の仕事をしたりと、演じる仕事以外の時間も大切にし、それらすべてが役づくりに生きています。

歩きながら台本を読みます。台本に書かれていることから、どこまで想像をふくらませられるかが演技のポイントです。

MAHO'S 1DAY

山田真歩さんの1日

ドラマの撮影スケジュールに合わせて組み立てられた、山田さんのある1日を見てみましょう。

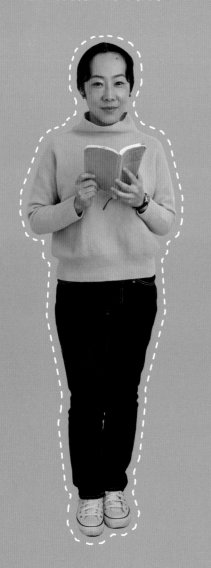

毎朝、体力づくりのために近所の公園までジョギングをし、家でストレッチもしています。

今日撮影するシーンについて、台本を読みながら役のイメージをつくります。

5:00
起床・ジョギング

6:30
朝食

7:00
台本読み

22:00
就寝

19:00
読書・映画鑑賞

自分の世界が広がるように、できるだけ幅広いジャンルの作品にふれるよう心がけています。

19:00

08

7:00

電車やバスで撮影現場に移動。体調管理のために、昼食は自分でお弁当をつくって持っていきます。

メイクや衣装をととのえて、役になりきる準備をします。

立ち位置の確認をし、監督の説明を聞いて、カメラテストをするなど、撮影の準備をします。

この日はワンシーンのみの撮影で2時間ほど。長いシーンだと10時間以上かかり、帰宅が深夜になることもあります。

8:00
出発

9:00
メイク・衣装

10:00
撮影準備

10:30
撮影開始

18:00
帰宅・夕食

16:00
日本舞踊の稽古

14:00
台本読み

13:00
帰宅

家にいるときは自分で食事をつくります。日本舞踊の先生や友人と、外で食べることも。

撮影の合間に、日本舞踊の稽古に通っています。

次の日の撮影のため、近所の公園で台本を読みます。歩きながら読むのが山田さん流です。

16:00
14:00

INTERVIEW インタビュー

山田真歩さんをもっと

俳優になったきっかけを教えてください

小学校の学芸会で主役を演じたのがとても楽しくて、俳優になることを意識しましたが、父から「芸能人は大変だからやめなさい」と言われていったん将来の夢から外しました。でも、友だちと即興劇をつくって、ホームルームで発表するなどしていました。大学で演劇サークルに入ってからは、みんなでお芝居をする楽しさにどんどんはまっていきました。卒業後はアルバイトをしながら劇団の養成所の研究員になりましたが、先が見えなくて、いったん就職しました。それでも演技への思いを捨てきれず、結局会社を辞めて俳優をめざしたのは、やっぱりお芝居が楽しいからでしょうね。

俳優になるためになにをすればいいですか？

まずはいろんな人の演技を見て、どんな俳優をめざすのかを考えるといいですよ。そのうえで劇団の養成所や映画の関係者などが主催するワークショップを調べて、気になるものがあれば参加したり、友だちと映画や舞台をつくったりするのもいい経験になると思います。演劇以外の幅広い表現を知っておくことも役に立ちます。わたしは子どものころ、ピアノ、バレエ、新体操を習っていて、絵をかくのも好きでした。ジャンルはちがいますが、感じたことを表現するという点では同じで、今にいきていますね。

仕事をしていてつらいと思うことや苦労することはなんですか？

撮影はいつも1回きりのチームで、終わったら解散します。これは転校をくり返しているようなもので、自分の居場所を見つけづらいところがあります。俳優になりたてのころは、撮影後の別れがつらくて、どうせ短い間のつきあいなら仲よくしないほうが楽だと思ったこともありました。でもだんだん、たとえ1回きりでも心の深いところで交流できれば、会えなくてもつながっていられると考えるようになりました。また、俳優は人から注目される仕事です。いつも人と比べられ、批判されたり、根拠のないうわさを立てられたりすることもあります。人の意見を聞きながらも、あまりふり回されない「心の強さ」が必要な仕事です。

どんなときに仕事のやりがいを感じますか？

いろいろな役を演じるごとに、新しい発見があり、世界の見方が変わるのが一番のおもしろさです。たとえば、きらわれるような悪役を演じるときも、自分だけは役の味方になってその人物に共感しなくてはいけません。そのためにはどうすればいいか、考えるのも楽しいです。また、俳優の仕事は、みんなが現場に集

知りたい

まって一緒に作品をつくるという、とてもアナログなもの。その人間くささも、魅力のひとつだと思います。

> 印象に残っているできごとを
> 教えてください

「夕陽のあと」という映画の撮影で、鹿児島県の長島町に1か月ほど滞在したことがあります。漁業と農業が盛んな小さな島で、みんなが家族みたいなあったかい場所でした。わたしは漁師の娘役で、地元の漁師の方も出演していたのですが、その存在感に圧倒されました。その経験から、俳優がめざすのは育ってきた土地の空気まで表現することだと思いました。とてもむずかしいことですが。漁師の方たちとは仲よくなり、その後もお正月には名物のブリを送ってくれます。

カレンからの質問

> はずかしがりやでも
> 俳優になれる？

　はずかしいと思う気持ちは、悪いことではありません。はずかしいと思うのは、人からどう見られるかが気になっているということで、それは演技をするのに大事なことです。そのはずかしさより、「演技は楽しい！」という気持ちが上まわれば、きっとすてきな演技ができます。はずかしい気持ちを乗りこえた演技に、人は感動するはずですよ。

わたしの仕事道具

台本ノート

文庫本くらいの大きさのノートに台本を書き写し、いつも持ち歩いています。時間を見つけては読み、役づくりでうかんだことを言葉やイラストでかき込んでイメージをふくらませています。外でもノートを開いて、セリフを声に出しながら歩くこともよくあります。

みなさんへの
メッセージ

どんなことも、自分には関係ないと思わず、関心をもって見聞きしましょう。だれかの言葉をそのまま信じるのではなく、自分の頭で考えてみることも大切です。そのくり返しから、自分なりの表現が生まれます。

プロフィール

1981年、東京都生まれ。子どものころから演じるのが好きで、大学の演劇サークルや、劇団の養成所で演技を学びます。出版社に勤務しながら出演した自主映画がきっかけで、俳優に。映画・テレビ・舞台で、幅広い演技ができる実力派として活躍中です。ブログで文章やイラストも発表しています。

出版社で編集者としてはたらきはじめ、本づくりに夢中になる。ここでいろいろな考えの著者と出あった経験が、俳優の仕事にいきている。

出版社を退職し、日本舞踊をはじめる。翌年、出演した映画を見た芸能事務所に声をかけられ、入社する。

演じたり、文章を書いたり、イラストをかいたりしている。思えば小学生のころ好きだったことばかり。

山田真歩さんの 今までとこれから

1981年誕生

12歳

学芸会で演劇「魔法を捨てたマジョリン」の主役を演じるのが楽しくて「毎日が学芸会だといいのに」と思った。

18歳

小学校の教師になろうと思っていたが、大学で演劇サークルに入り、俳優になりたいと思いはじめる。

22歳

大学卒業後、アルバイトをしながら劇団の養成所の研究生となるが、将来への不安から、いったん俳優の夢をあきらめる。

24歳

今につながる転機

27歳

大学時代のサークルの友人がつくった自主映画に主演で出演。演じているときが一番生き生きしていると気づき、再び俳優をめざす。

28歳

現在

40歳

未来

50歳

ドラマや映画、舞台と、みんながワクワクするような作品にたくさんかかわっていたい。

山田真歩さんがくらしのなかで大切に思うこと

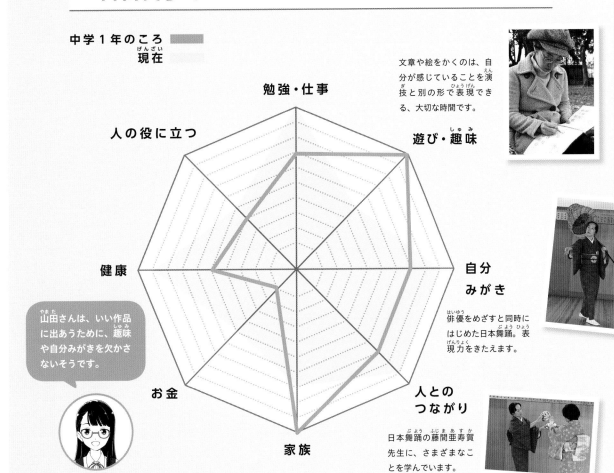

中学1年のころ ▇
現在 ▇

勉強・仕事

人の役に立つ

遊び・趣味

健康

自分
みがき

お金

人との
つながり

家族

山田さんは、いい作品に出あうために、趣味や自分みがきを欠かさないそうです。

文章や絵をかくのは、自分が感じていることを演技と別の形で表現できる、大切な時間です。

俳優をめざすと同時にはじめた日本舞踊。表現力をきたえます。

日本舞踊の藤間亜寿賀先生に、さまざまなことを学んでいます。

山田真歩さんが考えていること

今に伝わる古いもののなかにたくさんの「宝物」がある

伝統芸能の一つである日本舞踊との出あいが、演技の表現の幅を広げてくれました。

わたしが日本舞踊に出あったのは、会社を辞めてどんな俳優になりたいかを真剣に考えたときでした。たくさんの演技を見るなかで、とくに古い映画に出てくる田中絹代さんや山田五十鈴さんにあこが

れました。その俳優たちは、みんな日本の伝統芸能を習っていたのです。そこで、日本舞踊の伝承と発展、普及に努められている、藤間亜寿賀先生をたずねて弟子入りしました。

先生から、体の動きを通して自分の気持ちを表現する方法などを教わり、ふだんの演技にもとても役立っています。長い時間をかけて伝えられてきたものには、今の時代にも通じる宝物がたくさんあるんだと感じています。

ENTERTAINER

タレント

どうすれば
タレントに
なれるの？

事務所（じむしょ）に
入ったほうが
いいの？

どうやって人を
笑わせるの？

いろいろな
番組に
出られるの？

タレントってどんなお仕事？

　タレントは、テレビのバラエティ番組やラジオ番組、イベントなどに出演して、個性をいかしたトークで場を盛り上げます。人気が出ると、ドラマや映画、司会、CMなど活躍の場が広がります。また、俳優やお笑い芸人、アーティスト、歌手、モデル、ユーチューバーなど、複数の分野にまたがって活動する人もいます。見た目やファッション、教養、趣味、特技などのほかの人にない個性や、場を盛り上げる高いコミュニケーション能力がもとめられます。ほとんどのタレントが芸能事務所に所属していますが、仕事の量は人気や知名度などによって異なります。つかんだ機会のなかで、どれだけ自分をアピールできるかが大切です。

給与
（※目安）

10万円
くらい〜

　所属する事務所の規模、依頼される仕事内容や数、知名度、キャリアなどで大きく変わります。アルバイトをしながらタレント活動をしている人もいます。

※既刊シリーズの取材・調査に基づく

タレントになるために

ステップ① 自分の得意分野をみがく
演技やダンス、トークなど自分の得意分野をみがく。養成所に入るという道もある。

ステップ② オーディションを受けて芸能事務所に
一般的には書類選考のあと、面接や実技の審査がある。スカウトされるケースも。

ステップ③ メディアに出演する
テレビなどに出演しながら知名度を上げる。はじめはエキストラなど名前の出ない仕事も。

こんな人が向いている！

注目されるのが好き。

人を楽しませるのが好き。

得意なことがある。

向上心がある。

体力に自信がある。

もっと知りたい

　芸能事務所にはスカウトやオーディションで入るのが一般的ですが、最近はユーチューブで配信した動画が注目されて、デビューする人もいます。学歴や資格よりも、だれにもまねのできない特技やきわだった個性があることが強みになります。

コントライブの本番には独特の高揚感があります。客席からの笑いや反応が、次につながる学びになります。

おもしろいコントにするために
台本をどんどん変えていく

　片桐さんはタレントとして、ラジオやコントで笑いを提供したり、その独特の存在感をいかしてドラマや舞台の演劇作品に出演したりしています。

　片桐さんのお笑い活動の中心にあるのは、おもしろい芝居で笑いをとるコント（寸劇）です。お笑いコンビ「エレキコミック」と組んだコントユニット「エレ片」で、年に1回コントライブを開催しています。

　コントライブの予定が決まると、本番2週間前に台本ができあがり、稽古がはじまります。台本どおりに演じるためではなく、お客さまが見ておもしろいか、わかりやすいかを確認するのが目的です。コントでは、役になりきるのではなく、自分を残しながら演じることが笑いにつながります。メンバーと演じながらそのバランスを探り、アドリブを入れたり、セリフをけずったりしてウケる内容になるよう台本を修正していきます。コントが完成するのは本番当日です。

　コントライブの当日は、本番がはじまる8時間ほど前に楽屋に入ります。ひととおり稽古をしたあと、お客さまの視点で全体を見るため、本番と同じ流れでリ

ハーサルをして段どりの最終確認をし、修正を加えます。コントで流すVTR映像や音響などもチェックしたら、衣装を着て本番をむかえます。

　稽古を重ねても、お客さまの反応は本番までわかりません。そのため、片桐さんは演じながらお客さまの反応をたしかめます。ライブが終わったら、熱が冷めないうちに反省会がはじまります。お客さまの反応をふり返り、「あまりウケていないのはどこだった？」「ここは笑いのテンポ感が落ちるので修正しよう」などと話し合い、よりおもしろくなるように修正して、次の日のライブに反映します。これを毎日くり返すので、コントライブの内容は初日と最終日で大きく変わることもあります。

　また、片桐さんは、週に1回、ラジオ番組「エレ片のケツビ！」に「エレ片」のメンバーと出演して、自分の情報や思いを発信しています。収録日は開始30分前にラジオ局に入り、メンバーがそろうと収録がはじまります。台本はあるものの、聞いている人が楽しむことを第一に考え、ほぼフリートークで進めます。

　コントでもラジオでも、片桐さんは、見ている人や聞いている人におもしろいと思ってもらうことを一番に考えています。ラジオで話した内容がきっかけとなって生まれたコントもあります。

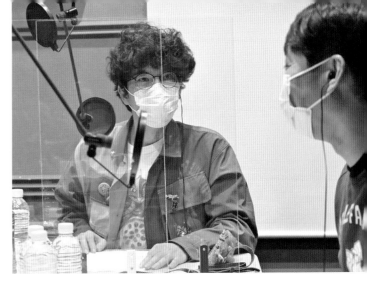
ラジオ番組では、メンバーと息の合ったトークをくり広げて、聞いている人に楽しんでもらいます。

いくつも引き出しを用意してその場に合わせて演じ方を変える

　片桐さんは、俳優として、舞台やドラマ、映画などでも活躍しています。舞台の場合、片桐さんに出演依頼がくるのは本番の1年ほど前ですが、台本が完成するまで時間がかかることが多く、台本がまだない時期にポスターを撮影したり、稽古がはじまったりすることもめずらしくありません。台本がとどくと、片桐さんは声に出してセリフを録音します。録音した声を聞くと、ふつうに話しているときには気づかない声のこもりや滑舌が確認できるので、気になるところは直します。稽古は、演出家によってやり方が異なりますが、片桐さんは演出家や共演者と相談しながら臨機応変に対応します。これは映画やドラマでも同じです。

　同じ舞台でも、笑いを意識したコントと演劇では、しぐさやセリフのテンポにちがいがあります。また、舞台だと大きな声やしぐさが、ドラマや映画だと自然な声やしぐさがもとめられるなど、演技にもちがいがあります。

　片桐さんは、いくつもの演技の引き出しを用意して、その場に合わせて演じることを心がけています。また、若い共演者からの相談に乗るなど、現場の仲間意識を育てることを大切にしています。

稽古は本番当日まで行われ、メンバーやスタッフと話し合いながら多くの人に笑ってもらえるよう修正を重ねます。

片桐仁さんの1日

コントライブの初日をむかえ、稽古にリハーサルにいそがしい片桐さんの1日を見てみましょう。

8:40

子どもたちが学校へ行ったあと、夫婦で一緒に朝食をとります。

30分から1時間半程度愛犬の散歩をします。平日は妻と、休日は家族みんなで話しながら歩きます。

6:50
起床・朝食

8:40
愛犬の散歩

24:00
就寝

23:00
帰宅

21:30
反省会

お客さまの反応を楽屋でふり返り、修正を加え、次の日の本番前の稽古で変更するところを確認します。

11:30

お客さまにわかりやす
いコントになっている
かどうか、最終チェッ
クをします。

本番と同じ流れをひと
とおり行って、着替え
のタイミングや音響、
ライブ中に流すVTR
映像を確認します。

11:00
劇場に入る

11:30
稽古開始

13:00
休憩・準備

14:00
リハーサル

21:00
ライブ終了

19:00
本番

18:50
開演前のアナウンス

17:00
修正・夕食

舞台に立ってお客
さまを前にすると、
いつも特別な高揚
感を感じます。

片桐さんがアナウンスを
担当します。「笑わない
と損ですよ」という気持
ちをこめて、明るい声で
お客さまに伝えます。

本番に向けて最後の修正
を行ってから、夕食をと
ります。本番前は緊張も
あってそんなに多くは食
べられません。

19:00　　　　17:00

片桐仁さんをもっと

どうやってタレントになったのですか?

10代のころは美術の仕事をしたいと考えていて、多摩美術大学に進学しました。お笑いサークルに入り、はじめて人前でネタをやってウケたとき、快感と衝撃を感じて、お笑いは熱くてすごい活動だと実感しました。その後、大学を卒業する直前に相方にさそわれ、コントグループ「ラーメンズ」を結成。美術大学出身芸人として、ライブやテレビなどに出るようになりました。「エレ片」で一緒に活動している「エレキコミック」のメンバーと知り合ったのも大学時代です。

仕事で失敗をしたことはありますか?

ぼくの得意技に、息を止めて顔を真っ赤にするというのがあり、コントのオチで使うことになりました。でも実際に本番でやってみると「あまり顔が赤くなってないな」と相方に言われ、それならと息を止めすぎてオチの前に気絶してしまったんです。当時結婚したばかりで、目がさめた瞬間、自宅にいると錯覚し、「相方がなぜ家にいるんだ」と思ったのを覚えています。お客さまにはぼくが気絶したことを伝えて休憩をはさみ、ライブは続行したのですが、その日はもう、これ以上失敗してはいけないとかたくなりすぎてあまりウケず、次の日からオチを変えることになりました。舞台上では、脳からアドレナリンが出るためか、ついがんばりすぎてしまうようです。

仕事で印象に残っていることはありますか?

2004年にはじめて舞台（俳優）の仕事をいただいたときのことです。コントでは、複数の役を演じながら、自分の個性をどう生かせるかがポイントで、自分を8割残して役は2割で演じます。でも、舞台では一つの役になりきって演じ続けるので、とても新鮮でおもしろく感じました。稽古では、つい見ている人がおもしろいと思える演技をしようとしていましたが、それはコントで必要なことであって、舞台では必ずしももとめられていないと気づきました。また、コントでは客席に正面を向いて演じるので、客席に背中を向ける演技を指示されてもなかなか後ろを向けず、演出家をこまらせてしまったこともあります。

舞台の仕事をしたことで、自分が笑いをとることが好きなんだと自覚しました。俳優の仕事のときも、共演者に協力してもらって、すきあらば何かおもしろいことができないかさがしてしまいます。

これから仕事でしたいことはありますか?

最近、自分の興味と周囲にもとめられている仕事の

知りたい

内容がどんどん近づいているなと感じています。

　たとえば美術大学の学生だったときに、つくった粘土作品をほめてもらえたのがうれしくて続けていた粘土アートは、美術大学出身芸人として名前が知られたことで、雑誌に連載させてもらえたり、映画やドラマの小道具に使われたりしています。ときどき個展も開催していて、「芸人とアートのいいとこどり」ができるようになりました。それがずっとタレントを続けていきたい、世界中で個展を開きたいという未来の夢にもつながっていますね。以前、「75歳まで元気でいれば仕事がたくさん来る」と言われたことがあるので、それを実現するためにも健康に気をつけて、どんどん活動の幅を広げていきたいと思っています。

カレンからの質問

どうすれば人を笑わせることができるの？

　日常の中にあるおもしろいことを話してみるといいですよ。聞いた人がその話をおもしろいと思えるかは、おもしろさを自分がわかりやすく伝えられているかどうかによります。道順をうまく説明できる人は話もうまいことが多いので、伝え方に自信がなければ、友だちに道順の説明をしてみるといいですよ。うまく伝わらなければ、どう言えば伝わるか見直してみましょう。それができるようになると、きっと前よりも話のおもしろさが伝わりやすくなっていますよ。

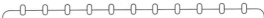

わたしの仕事道具

スマホケース

粘土でつくったスマホケースで、今使っているものは10代目です。これを現場にもっていくと、「なんですかこれ？」と注目されて、コミュニケーションにも役立っています。出演した映画でも使われて、そのポスターにも写っているんですよ。

みなさんへのメッセージ

世の中にはやってみないとわからないことがたくさんあります。インターネットで調べるだけではなく、実際に見たりふれたり会ったりするなど、自分で体験することを大切にしてください。

プロフィール

1973年、埼玉県生まれ。父親とゴッホ展に行って美術に興味をもち、多摩美術大学に進学。在学中にコントグループ「ラーメンズ」を結成。ライブでコントをするかたわら、2001年からドラマ、2004年から舞台で俳優の仕事を開始。現在はタレント、芸人、俳優、アーティストとして活躍しています。

コントユニット「エレ片」でコントライブを開始。現在の「エレ片のケツビ！」の前身となるラジオ番組もはじまる。

粘土作品の個展のかたわら、子ども向けの粘土ワークショップを全国のショッピングモールなどで開催する。

芸人、俳優、アーティストと仕事の幅を広げながら、2年前から家族でユーチューブの配信も行っている。

片桐仁さんの今までとこれから

1973年誕生

幼稚園でかいたロケットの絵が郵便局で展示される。

5歳

12歳

父とゴッホ展に行って衝撃を受け、美術に興味をもつ。

今につながる転機

22歳

入学した多摩美術大学で出あった相方にさそわれて、コントグループ「ラーメンズ」を結成。

25歳

大人気のお笑い番組に出演して有名になる。雑誌に粘土アートを紹介する「粘土道」の連載もはじまる。

32歳

37歳

青森県の遺跡を案内してもらって、縄文土器や土偶の造形に衝撃を受ける。

42歳

現在

48歳

未来

75歳

健康を気づかいながらタレント活動を続け、世界中で個展・ワークショップを開催する。

片桐仁さんがくらしのなかで大切に思うこと

中学1年のころ ■■■
現在

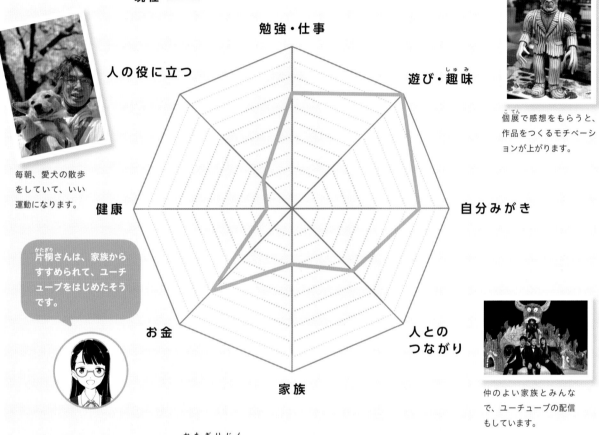

毎朝、愛犬の散歩をしていて、いい運動になります。

個展で感想をもらうと、作品をつくるモチベーションが上がります。

片桐さんは、家族からすすめられて、ユーチューブをはじめたそうです。

仲のよい家族とみんなで、ユーチューブの配信もしています。

勉強・仕事
遊び・趣味
自分みがき
人とのつながり
家族
お金
健康
人の役に立つ

片桐仁さんが考えていること

よりよい作品にするためにコミュニケーションを大切にする

　いろいろな活動をしているので、仕事でかかわる人がたくさんいます。コントライブの構成作家に舞台の演出家、映画監督、共演者など、どんな人に会うときも大切にしているのは、コミュニケーションです。作品はみんなでつくり上げていくものであり、コミュニケーションによって仲間意識がめばえ

ると、作品がよりよいものになると思っています。
　もちろん年齢も性格もそれぞれちがい、はじめて会う人もいれば、あえて共演者とあまり話さないようにしている人もいます。でも、相手の考え方を尊重し、タイミングを見ながらできる限り積極的に話しかけるようにすると、たいていの人が打ちとけてくれます。これも芸人の能力の一つなのかもしれません。長くタレント活動を続けていくためにも、よい人間関係をつくることは重要だと考えています。

アーティスト

曲は
どうやって
つくるの？

アーティスト
って？

楽器は
どうやって
練習するの？

音楽以外に
勉強しておく
ことはある？

アーティストってどんなお仕事？

アーティストは、歌ったり楽器を演奏したり、音楽をつくったりする仕事で、ミュージシャンともいいます。歌や曲を発表する場は、ライブ会場やテレビの歌番組、ラジオ、音楽フェスなどさまざまです。曲やアルバムなどを、CDや音楽配信サービスなどの形で販売して収入を得ます。インターネットで手軽に曲が聴ける時代ですが、ライブ演奏も人気で、多くのアーティストはステージに立って演奏を行い、チケットの販売でも収入を得ています。また、ユーチューブなどの動画で曲を配信してファンを増やし、有名になるアーティストもたくさんいます。話題になると、楽曲がCMやドラマ、映画などに使われることもあります。

給与
（※目安）

20万円
くらい〜

事務所の規模や曲の販売数、ライブの売上などで大きく変わります。固定給がある場合もありますが、ほかの仕事やアルバイトをしながら活動する人もいます。

※既刊シリーズの取材・調査に基づく

（ アーティストに なるために ）

ステップ 1

音楽の知識や技術を身につける
音楽教室や専門学校などで学びます。バンドを組むなどして、独学で身につける人も。

ステップ 2

曲をつくり歌や演奏を発表する
ライブやインターネットなどで曲を発表して、多くの人に聞いてもらう。

ステップ 3

アルバムを制作する
レコード会社などに所属し、曲を制作してアルバムなどの形で発表する。

こんな人が向いている！

楽器の演奏が好き。

歌うのが好き。

小説や映画が好き。

探求心がある。

好奇心が強い。

もっと知りたい

デビューの方法はオーディション、レコード会社などに自分の曲の入ったデモテープを送って売りこむ、SNSなどで配信してファンを増やす、ライブを続けてスカウトされるなどさまざまです。個人の事務所をつくったり、フリーで活動する人もいます。

アーティスト
トクマルシューゴさんの仕事

ギターをはじめとするいろいろな楽器を演奏し、独特の世界観をもつ曲をつくりあげます。

さまざまな音を組み合わせて
イメージを形にしていく

　トクマルシューゴさんは、ギターを中心にさまざまな楽器やおもちゃの楽器を演奏して、個性あふれる音楽を生み出すアーティストです。作詞、作曲、演奏、レコーディング、編集などのすべてを手がけ、世界中で開催されるライブに出演したり、CMや映画などに曲を提供したりするなど多彩な活動を行っています。

　トクマルさんは「音」そのものにとても興味をもっています。いつも新しい楽器や音の出るおもちゃを探しては入手して、自分の曲に使うことのできる音のバリエーションを増やしているのです。

　曲の制作には、自分のオリジナルとして発表する場合と、映画やCMの音楽など、依頼を受けてつくる場合とがあります。

　依頼を受けた場合は、依頼主の目的やイメージを大事にしながら、そこにトクマルさんらしさを加えて、期待を上まわる曲をつくることを意識します。作曲する前にじっくり話しあうこともあれば、すでにある程度つくってから聴いてもらうこともあり、相手の依頼を見きわめて対応します。

マイクに向かって楽器の演奏や歌を録音したあと、パソコンで編集作業をして曲を完成させます。

依頼されるのは、多くがCMやドラマ、アニメ、映画などに使われる曲です。CMの場合は、最初に企業や制作会社から、希望する曲のイメージ、CMの秒数や出演タレント、流れる映像などの大まかな内容が絵と文で示された絵コンテなどがとどきます。トクマルさんは、絵コンテを見て、頭のなかで音を鳴らしながら想像をふくらませていきます。そして、イメージがかたまったら曲づくりをはじめます。楽器の演奏や歌をパートごとに録音し、それをパソコンで編集して曲を完成させます。CMの場合、依頼からしめきりまでの日数は数日から1週間と短いことがほとんどですが、必ずしめきりまでに2、3パターンの試作曲（デモ）をつくって提出し、依頼者と意見のやりとりをしながら完成させていきます。

ドラマやアニメの場合は、番組の監督や音響担当から、30曲以上のメニュー表がわたされます。それぞれの曲について、悲しい曲、楽しい曲といったテーマや、流れる時間、場面の簡単な説明などが書かれていて、それを確認しながら1曲ずつつくっていきます。場面のイメージをつかむため、台本のセリフを読みながら、試行錯誤をすることもあります。

映画の場合は、すでに撮影された映像を見ながらつくることが多く、音楽監督と映像を見て話し合いながら、その映像にあった曲をつくります。

ライブを重ねるごとに変化していく演奏を楽しむ

オリジナルの曲では、制約なく自由に、表現したい音楽をつくります。とくに大事にしているのは、音楽以外の自由な時間をつくることです。趣味やいろいろな人とかかわるなかで、いろいろな気づきがあり、想像力がはたらいて新たな曲が生まれるのです。

曲をつくるときは、依頼を受けてつくる曲と同じように作曲、演奏、録音、編集を行います。できあがった曲はさまざまな環境で聴いてみます。トクマルさんはCDプレーヤー、安価なイヤホン、音質のよいスピーカーなどで曲を聴いて確認し、どんな環境でも満足のいく状態になるように音を調整します。

つくった曲は曲順、タイトルなどを考え、アルバムとしてまとめて発表します。そしてその直後にライブツアーを開催します。メディアに告知する宣伝文などもつくります。

ライブツアーでは、事前の練習を数回だけにして完成させすぎず、ライブを重ねるごとによりよい演奏にしていくのがトクマルさんのこだわりです。また、「今回は広いから装飾にこだわろう」など、会場に合わせたステージづくりも楽しんでいます。

世界中をまわることもあるライブツアー。ライブを重ねるごとに演奏が変化していくことにおもしろさを感じています。

トクマルシューゴさんの1日

趣味の時間も音楽制作にいかしながら作曲活動をするトクマルさんの1日を見てみましょう。

CM音楽の依頼のメールを確認したり、機材や出演者の立ち位置をまとめたライブのセッティング表を関係者に送ったりします。

9:00
起床・朝食

10:00
メール確認・事務作業

23:00
就寝

22:00
読書

漫画や学術書を読むのが好きで、読みながらインスピレーションを得ることも。寝る前の大切な時間です。

21:00

16:00

山登りやボルダリング
が好きですが、行けない
ときは階段を上り下り
しています。読書や映画
も楽しみます。

ゆっくりと過ごす時間
を大事にしています。そ
うすることで、作曲をす
るときにはとても集中
できます。

新しく買った楽器があ
れば鳴らしたり、頭の中
でメロディを考えたり
しながら、作曲していき
ます。

13:00
運動・読書など

15:00
おやつ

16:00
作曲

21:00
編集作業

20:00
夕食・入浴

18:00
レコーディング

録音した音をパソコ
ンで組み合わせ、加
工して一つの曲にま
とめていきます。

音を鮮明に録音してくれ
る愛用のマイクで、歌や
さまざまな楽器の演奏を
録音をしていきます。

18:00

トクマルシューゴさんをもっと

どうしていろいろな楽器を使って作曲をしようと思ったのですか？

楽器の見た目が好きで、小学生のころから文具店などでリコーダーやパーティーグッズ、赤ちゃん向けのおもちゃなど、音が鳴るものを集めていたことがきっかけです。大人になってからは世界中の楽器屋、おもちゃ屋、フリーマーケットなどをめぐって、部屋に置き場所がなくなるほどいろいろな楽器を集めています。その音色から想像がふくらんで曲ができることもあります。同じ楽器でも録音するマイクで音が変わるので、マイクもたくさん収集しています。

この仕事につこうと思ったとき何をしましたか？

14歳で作曲をはじめ、音楽を仕事にしたいと思うようになりました。高校を卒業する前、アドバイスをもらいにプロのギタリストや作曲家に会いに行くと、つくった曲をほめてもらい、自信満々でアメリカへわたりました。音楽を学ぶために毎日のようにライブハウスに通ったのですが、現地のアーティストの演奏力はとても高くて自分はかなわないと自信を失いました。なやみましたが、ギター１本での成功はむずかしくても、いろいろな楽器が好きな自分なら、ほかにはないオンリーワンの音楽がつくれるはずだし、だれかを目標にせず、今までにいないアーティストとしての道を自分でつくろう、と気持ちを切りかえました。

どうやってデビューしたのですか？

アメリカから帰国後、ギターだけの曲や、いろいろな楽器で音を鳴らした曲などをつくり、デモテープをたくさんのレコード会社に送りました。そのすべてから返事が来て、なかには「ボーカリストと組んでデビューしませんか」という提案もあったのですが、やりたいことと異なっていたので断りました。しばらくはアルバイトをしながらライブハウスでの音楽活動を続けていましたが、ある日、海外の方がニューヨークの音楽会社を紹介してくれて、そこから初めてアルバムを出すことになりました。日本語の曲でしたが、発売後に海外で広まり、翌年にはヨーロッパツアーが決まって、とてもいそがしくなったのでアルバイトを辞め、音楽活動に専念するようになりました。

オリジナルアルバムはどんなことを考えてつくっていますか？

いつも「10年後は、今の自分には想像できない自分になっていたい」と思っているので、10年後の自分が聴いたらおどろくような音楽をつくりたいと考えています。それは、つねに変化する新しい自分でいたいということです。10年前につくったアルバムを実

知りたい

際に聴いてみると、本当におどろくことが多いです。

> 仕事で印象に残っていることは
> ありますか？

　新型コロナウイルス感染症拡大の影響でライブツアーや音楽フェスの開催がむずかしい状況になったとき、動画を生配信するオンラインでの音楽フェスを行いました。ライブのおもしろさは、アーティストと観客が同じ時間を共有し、一緒に心がわき立つところです。オンラインだからこそ、場所を問わず世界をつないで実現できたのだという新しい発見があり、ライブの楽しみ方の広がりも感じました。その一方で、対面で行うこれまでのライブの大切さやすばらしさも、あらためて実感しました。

カレンからの質問

> たくさんの楽器を
> 習ったほうがいいの？

　たくさんの楽器を知っているメリットは多いです。ただ、習うということについては、無理をしないほうがいいです。興味がある楽器なら、まずさわったり調べたりしてみて、習う目的がもっとはっきりしたら習いはじめましょう。大好きな楽器であれば、テクニックや数にこだわらずその楽器の演奏を追求していくことで、見えてくるものがありますよ。

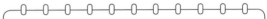

わたしの仕事道具

マイク

レコーディングで重要なのはマイクの性能です。10年以上使っているこのマイクは、すでに製造中止となった伝説のマイクの部品を、職人が組み合わせてつくったものです。楽器の音や歌声がいい音で録音できるので愛用しています。

みなさんへの
メッセージ

がんばれば上手に演奏できるようになりますが、アーティストになるにはそこにプラスして冒険心や遊び心が必要です。いつもとちがうことやおもしろいことをしたりして、遊び心をもち続けるといいですよ。

トクマルシューゴさん の今までとこれから

プロフィール

1980年、東京都生まれ。中学のころに作曲をはじめました。高校卒業後に音楽を学ぶためにアメリカに渡り、帰国後にはじめてつくったアルバムが世界中で評判となりました。現在はオンラインやCDでオリジナルの楽曲を発表しながら、ライブ活動や、映画やCM、舞台のサウンド制作も行っています。

1980年誕生

父が出版社勤務だったため、多くの漫画や本、雑誌、映画などに囲まれた環境だった。そこから受けた影響が今につながっている。

3歳

10歳

5年間ピアノを習っていたが、バンドで演奏したいと思い、学校で音楽クラブをつくる。

14歳

ギターの演奏や作曲、楽器収集をはじめる。バンド活動も活発に行い、1日8時間はギターをさわるほどのめりこんでいた。

今につながる転機

海外の音楽を現地で学ぶためアメリカに行くが、まわりの人の演奏力の高さにおどろき、自分にできることを追求しようと決意する。

18歳

21歳

帰国後、アルバイトをしながら、自分のつくった曲をレコード会社に送りながら、音楽活動を続けていた。

ニューヨークの音楽会社から初のアルバムを発表。世界中で反響をよび、国内外でライブツアーを行ったり、音楽フェスに出演したりするように。

23歳

現在

40歳

オリジナルの楽曲のほか、テレビ番組や映画、CM、舞台のサウンド制作など幅広い分野で活躍している。

未来

80歳

新しい音楽に出あえるような活動を続けながら、趣味をふやし、いろいろな人に出あって人生の選択肢をふやしていきたい。

トクマルシューゴさんがくらしのなかで大切に思うこと

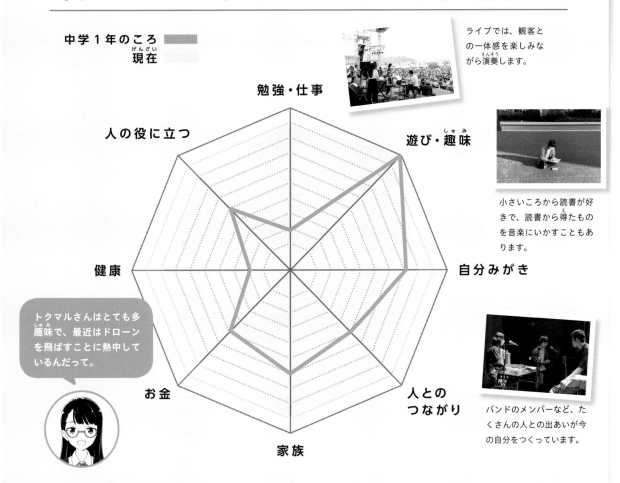

中学1年のころ
現在

- 勉強・仕事
- 遊び・趣味
- 自分みがき
- 人とのつながり
- 家族
- お金
- 健康
- 人の役に立つ

ライブでは、観客との一体感を楽しみながら演奏します。

小さいころから読書が好きで、読書から得たものを音楽にいかすこともあります。

バンドのメンバーなど、たくさんの人との出あいが今の自分をつくっています。

トクマルさんはとても多趣味で、最近はドローンを飛ばすことに熱中しているんだって。

トクマルシューゴさんが考えていること

豊かな表現をするためにあえて"むだ"なことをやってみる

ぼくは子どものころから本や漫画、映画などに親しんできました。読んだり観たりした作品には、自分にインスピレーションを与える何かが眠っています。なかには難解な作品もありますが、たとえ内容が理解できなくても、あえて読み切るようにしています。やらなくてもいいことをあえて行うのは、む

だなことと思うかもしれませんが、何かを創造する仕事では不可欠なことです。目的に向かってまっすぐに進むより、たくさんの寄り道をしたほうがより豊かな表現ができると思っています。

曲をつくるときにも、同じギターのフレーズをコンピューター上でコピーして重ねずに、何度も何度も手で弾いて重ねていくことがあります。このやり方は一見むだなようですが、このむだこそが個性のある作品をつくる鍵なのです。

YOUTUBER

ユーチューバー

どんなことを
投稿しているの？

どうやって
お金をかせぐの？

月に何回くらい
投稿するの？

ユーチューブに
投稿したら
ユーチューバーなの？

ユーチューバーってどんなお仕事？

ユーチューバーは自分でつくった動画作品を、ユーチューブに投稿するのが仕事です。動画を投稿することはだれでも可能ですが、収入を得るには、一定以上のチャンネル登録者数や動画の再生回数が必要です。ユーチューブのパートナープログラムに参加することで動画に広告がつき、動画の再生回数に応じて広告費（収入）が入ります。ジャンルは音楽、ゲーム、スポーツ、グルメ、科学などさまざまですが、同じような動画が投稿されていることもあるので、大勢の人に見てもらうためには独創的で人の興味を引く表現力がもとめられます。得意なテーマをもって見る人を飽きさせない動画をつくる能力や、動画の内容をわかりやすく編集する技術も必要です。

給与
（※目安）

5千円
くらい～

動画の再生回数に応じて得られる収入が決まるので、差が大きく出ます。人気が高いと高額収入になりますが、興味を引く動画を投稿し続ける努力が必要です。

※既刊シリーズの取材・調査に基づく

（ ユーチューバーに なるために ）

ステップ 1
自分の強みを 見つける

長く続けられる好きなこと、興味をもって追求できることを見つける。

ステップ 2
撮影や編集技術を 身につける

撮影や動画編集の技術を学んで、ユーチューブに自分の動画作品を投稿する。

ステップ 3
動画投稿で収入を得る

パートナープログラムに参加して収入を得る。人気が出ると数千万円になることも。

こんな人が向いている！

大好きなものがある。
好奇心が強い。
人に説明するのが好き。
パソコン作業が好き。
動画に興味がある。

もっと知りたい

必要な資格はありませんが、撮影や動画の編集技術が必要です。動画編集は外部に依頼もできます。注目されるタイトルや動画をつくるには日ごろからユーチューブを見て感覚をみがくことも大切です。人気が出ると企業から依頼がくることもあります。

さまざまな実験を通して
科学の楽しさを伝える

　「元気先生」とよばれる市岡さんは、ユーチューブに「GENKI LABO（ゲンキラボ）」というチャンネルをもって、視聴者が楽しく学べる科学実験の動画を投稿しています。チャンネル登録者数は45万人以上いて、再生回数が500万回をこえる動画もあります。

　1本の動画をつくるためには、まず実験のもとになるネタを見つけることからはじまります。ニュースやSNSを見て、世の中で話題になっていること、気になることをメモしておきます。つねに約2000個のネタの候補があり、そのなかから科学に興味のない人でも楽しめる、タイムリーなテーマをしぼり込みます。

　たとえば、新型コロナウイルスの感染予防でマスクが話題になると、マスクをテーマにした実験を考え、撮影にかかる時間や必要な道具、費用も検討します。大勢の人に見てもらうためには作品のオリジナリティが大事なので、似たような実験が投稿されていないか検索してから、その実験にするかどうか決定します。

　実験内容が決まったら、具体的な実験の流れや説明のセリフ、その前後に盛り込む要素などを考え、台本を作成します。実験のポイントや実験結果をわかりやすく楽しく伝えるために、どうやって見せるかはとて

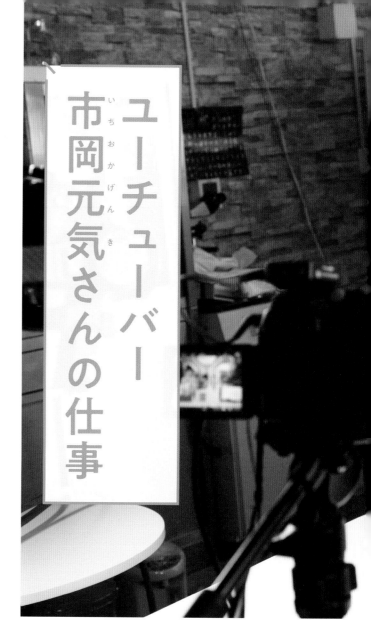

科学にくわしくない人が見ても楽しめる動画にするため、台本は時間をかけてていねいにつくります。

も重要です。たとえば、爆発したり破裂したりするシーンがあれば、スローで再現するシーンも入れて何が起きたかわかるようにするなど、見た人が「知らなかったことがわかっておもしろかった」「勉強になった」と感じられるように、流れや見せ方を工夫しています。台本作成に数時間かかりますが、ここでしっかり決めておけば撮影がスムーズに進められます。台本をつくりながら必要な道具や薬品の準備をし、台本が完成したらすぐに撮影にとりかかれるようにします。

　撮影では、元気先生が実験をしながら説明し、スタッフが撮影します。投稿する動画が8分でも、実際の

何を使いどんな実験をするのか、見る人がワクワクするように表現を工夫して紹介します。

編集された動画を確認し、字幕や音声の変更や追加などをして、作品の完成度を高めていきます。

撮影では短くて1〜2時間、長いものは数日から数か月かかることもあります。撮影が終わると、動画に音楽（効果音）や字幕を入れて短くまとめる編集作業を外部に依頼します。イメージ通りの作品にするため、動画のどこが台本のどの部分にあたるのかわかるようにしてわたします。1〜2週間で編集された動画ができるので、元気先生はそれをチェックして、字幕や音声を追加するなど、修正する指示を出して作品を仕上げます。見る人を一瞬で引きつけるには、動画のタイトルと画面がポイントになるので、目を引くタイトルを考え、インパクトのある画像を選ぶことも大事です。

編集が終わるまではパソコンの大きな画面で見ているので、スマートフォンで見てもわかりやすいか確認してから作品をユーチューブに投稿します。投稿したら、その反響を視聴回数などでチェックし、見る人が少なければ、トップの画像（サムネイル）やタイトルを変更するなど手直ししていきます。視聴状況までしっかりチェックして、よりよい作品に改善していくことで大勢の人が続けて見てくれるのです。

企業や専門家と協力して実験動画をつくることも

ユーチューバーとして注目されるようになると、企業から動画の制作を依頼されることがあります。元気先生の場合、お菓子メーカーの依頼で、おかしのパッケージでロケットをつくって打ち上げる実験動画をつくったり、科学の特定の分野の専門家から実験動画の作成を頼まれたりすることもあります。どんな実験をすればわかりやすい動画ができるかを話しあううちに自分の知識も深まっていくので、専門家と協力して作品をつくる機会も大事にしています。

これまでの経験にくわえて新たな知識も得て、科学が苦手と思っている人におもしろいと感じてもらえる楽しくて勉強になる動画をつくり続けています。

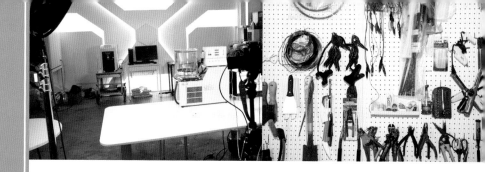

市岡元気さんの1日

動画制作のための台本をつくったり、動画を撮影したりしている元気先生の1日を見てみましょう。

子どもたちを学校に送り出してからラボ（事務所）に向かいます。

7:00
起床・朝食

8:00
子どもを見送る

24:00
就寝

21:00
台本作成・動画確認

19:00
夕食・入浴

夜のあいた時間に1人でできる仕事をやっておきます。

家族そろって夕食を食べ、子どもの入浴をサポートします。

ほかのスタッフが来る前に、メールチェックや編集された動画の確認をします。

スタッフと予定を確認し、新しい企画案について話し合います。

みかんを使ったフリーズドライの実験を撮影します。

9:00
出社・事務作業

10:00
ミーティング

10:30
1本目の動画撮影

12:00
昼食

17:00
仕事終了・帰宅

16:00
3本目の動画撮影

15:30
打ち合わせ

13:00
2本目の動画撮影

仕事は17時に終えて帰宅。仕事とプライベートのメリハリをつけることで、翌日も楽しく実験ができます。

マイナス196度の液体窒素にアヒルのおもちゃを入れるとどうなるか実験します。

企業に依頼された動画制作について、担当者とオンラインで打ち合わせをします。

映画に出てくるライトセーバーを再現する実験。炎に酸素を加えると3000度にもなり、金属を切ることができます。

INTERVIEW インタビュー

市岡元気さんをもっと

ユーチューバーになろうと思ったきっかけは？

子どものころから理科や科学が好きでした。人の役に立ち、魔法のようなことが実現できる科学のおもしろさをたくさんの人に伝えたい、科学の好きな人を増やしたいと思っていました。最初は理科の先生をめざして大学に入ったのですが、1クラス40人として100人程度しか伝えられないと気がつき、大学卒業後はテレビで科学実験をやっている会社に就職しました。テレビだと数万人が見てくれますが、番組では視聴者が「わあっ」とおどろくところを重視していて、ぼくが伝えたい「科学のおもしろさ」はカットされてしまい残念に思うことが何度もありました。そこでぼく自身が納得できる科学実験の動画を制作し、それを投稿すれば世界中の人に見てもらえると思い、ユーチューバーをめざしました。

この仕事の楽しさはどんなところにありますか？

新しい実験にチャレンジできて、新しい発見があることです。今まで見たことのないもの、ふつうだったら見ることのできないものを見られるのは楽しいですね。たとえば電子顕微鏡でノートを100倍に拡大すると、文字が書きやすいように紙の繊維が平らにつぶされている様子や、紙を白くする漂白剤がまじっている様子がよくわかります。

また、あこがれの企業と仕事ができるチャンスもあります。ディズニーに関わるチームからの依頼で、ライトセーバーで何ができるかを実験しました。映画「スター・ウォーズ」に登場するライトセーバーは架空の武器ですが、実験でぼくがつくったものは、酸素を加えることで3000度以上の高温の炎が生まれ、ガラスや金属でも切れることを証明できました。ファンタジーが現実になるワクワクする体験でした。

仕事をしていて大変なこと、つらいことはありますか？

ユーチューバーとして長く活動を続けていくためには、仕事のモチベーションを高く保つことが重要です。今はラボのスタッフと「チャンネル登録者数を増やす」という共通のモチベーションをもっています。それとどんなに実験が好きでも、そればかり続けているといやになってしまうので、仕事以外の時間や趣味も大切にしています。いつも新鮮な気持ちで「楽しく実験」が合い言葉です。

印象に残っているできごとを教えてください

独立して間もないころに『Dr.STONE（ドクターストーン）』というアニメが流行っていて、そのなかに

知りたい

出てくる現象を実験動画で紹介したら、漫画の作者の稲垣理一郎さんからある実験を再現してほしいと頼まれ、科学監修をつとめました。ユーチューブで発信することで思いがけない人と出あえたり、新しい仕事につながったりするのだと実感しました。

ユーチューバーになってよかったと思うのはどんなときですか？

実験の動画を見た視聴者から「科学が好きになった」「わかりやすくておもしろかった」などのコメントをもらったときです。ぼくの動画が理科の授業でとり上げられたというコメントも、とてもうれしかったです。

カレンからの質問

実験で失敗したことやおこられたことはないの？

失敗しておこられたことはありませんが、科学実験は90%が失敗するといわれています。2019年に世界ではじめてブラックホールの撮影に成功したチームの先生も、何回も失敗をくり返したそうです。失敗は、「これはちがう」とわかることだから一歩前進だし、それが別の大きな発見につながる場合もあります。失敗をおそれずにやってみることが大切だと思います。

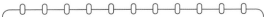

わたしの仕事道具

電子顕微鏡

電子顕微鏡は、科学実験に活用してほしいと日立ハイテクという企業が貸してくれているもので、10万倍まで拡大して見られます。これで身のまわりのものを観察すると想像もできない世界が広がっていて、とても興味深く、新しい発想のヒントも得られます。

みなさんへの メッセージ

やってみたい、と思うことには積極的にチャレンジしましょう。挑戦したことは必ず身についてどこかで役に立ちます。いろいろなことを見たり聞いたり調べたりして自分の世界を広げておくことも大事です。

市岡元気さんの今までとこれから

プロフィール

1984年、長野県生まれ。子どものころから科学好きで、大学卒業後はおもしろく実験を見せる会社のスタッフとしてテレビ番組に出演。独立して「GENKI LABO」を開設し、科学実験系ユーチューバーとしてさまざまな実験を通して科学の楽しさを伝えています。3人の子どもの父親です。

大学卒業後、芸能プロダクションに所属し、理科の実験をテレビでおもしろく見せる会社のスタッフとしてサイエンスショーなどで活動する。

ユーチューバーの水溜りボンドさんに依頼されて実験に協力し、ユーチューブに投稿。ユーチューブなら自分の思いえがく科学実験を表現できると気づく。

登録者数が45万人以上のユーチューブチャンネル「GENKI LABO」の動画投稿で活躍中。

1984年誕生

8歳

12歳

18歳

22歳

30歳

今につながる転機

31歳

35歳

現在

37歳

未来

40歳

小学校3年生まで「生き物係」で、毎日昆虫採集や釣りをして生き物とふれあう。

小学館の学習雑誌で読者モデルになり、タレントをめざす。

東京学芸大学教育学部に入学し、同時にタレント養成所に通う。勉強、ダンスレッスン、アルバイトに追われ3日間寝られないこともあった。

テレビ東京「おはスタ」火曜日のレギュラーとなる。

独立して科学実験を紹介するユーチューバーになる。

チャンネル登録者数1000万人をめざし、世界に向けて科学の楽しさを発信する科学の遊園地をつくる。

市岡元気さんがくらしのなかで大切に思うこと

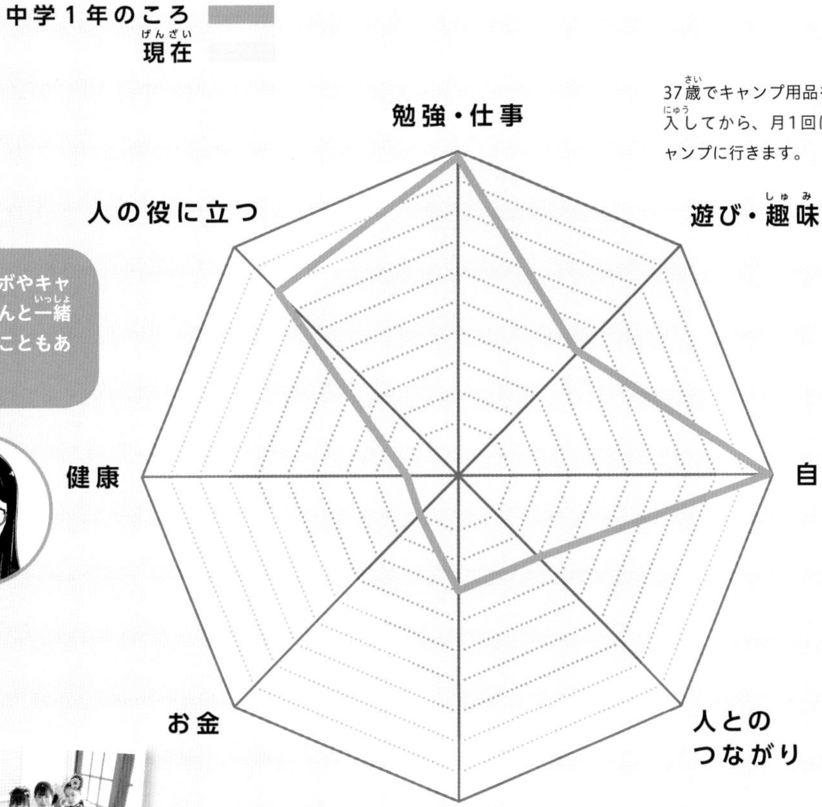

中学1年のころ ▉
現在 ▉

勉強・仕事

人の役に立つ

遊び・趣味

37歳でキャンプ用品を購入してから、月1回はキャンプに行きます。

元気先生はラボやキャンプでお子さんと一緒に実験をすることもあるそうです。

健康

自分みがき

ユーチューバーはよきライバルであり大切な仲間。協力して科学のイベントを行います。

お金

人とのつながり

家族

仕事は9時から17時までと決めて、家族と過ごす時間を大切にしています。

市岡元気さんが考えていること

だれもやっていない実験を通して科学のおもしろさを伝えたい

ユーチューバーは21世紀になってから登場した新しい仕事で、いろいろな可能性を秘めています。ぼくは世界でまだだれもやっていない実験を通して、世界中の人に科学のおもしろさを伝えていきたいです。実験動画を投稿し続けることは、地道なものづくりです。残念ながら科学が苦手という人は多

いし、時間のかかるものづくりにたずさわる人もへっています。それは科学やものづくりの本当の魅力を知らないからかもしれません。ぼくの動画を見た視聴者のなかから、科学者やものづくりに取り組む人があらわれてくれたらいいなと思っています。

科学の遊園地をつくることも夢です。ディズニーランドのように夢がいっぱいで、楽しんだ後に何かを学べたと感じられるエンターテインメントができたらすばらしいでしょうね。

ジブン未来図鑑 番外編

演じるのが好き!
な人にオススメの仕事

この本で紹介した、俳優、タレント、アーティスト、ユーチューバー以外にも、「演じるのが好き!」な人たちにオススメの仕事はたくさんあります。ここでは番外編として、関連のある仕事をさらに紹介していきます。

▶ 職場体験完全ガイド ❺ p.3 とあったら
「職場体験完全ガイド」（全75巻）シリーズの5巻3ページに、その仕事のくわしい説明があります。
学校や図書館にシリーズがあれば、ぜひチェックしてみてください。

声優

（ こんな人が向いている! ）
・音読や朗読が得意
・漫画やアニメが好き
・いろんな人の声を聞き分けることができる

（ こんな仕事 ）
　アニメのキャラクターのほか外国映画の吹き替えやCMナレーションなど、声で表現する俳優です。目指す人が多く競争ははげしいですが、運命の役に出あえば何十年も演じ続けられることもあります。ユーチューブやVチューバーの音声など、活躍の場は増えています。

（ 声優になるには ）
　まずは専門学校や養成所に通い、基本的な技術を学ぶのが一般的。個人で音声を送り、応募できるオーディションもあります。

▶ 職場体験完全ガイド ㉟ p.37

スタントマン

（ こんな人が向いている! ）
・身体能力に自信がある
・映画など映像作品を見るのが好き
・創意工夫で限界を乗り越えたいタイプ

（ こんな仕事 ）
　訓練を受け、映画やドラマのなかの格闘シーンや爆発シーンなどで、アクションを専門に行います。俳優の代わりとしてだけでなく、自分自身がアクション俳優として出演することも。また、全国各地で行われるヒーローショーなどへの出演の仕事もあります。

（ スタントマンになるには ）
　専門の技術や知識が必要なため、養成所で学んでから事務所に所属する人が多いです。あらかじめ器械体操や武道を身につけておくと仕事にいかせます。

歌舞伎俳優

(こんな人が向いている!)
・はなやかな舞台に興味がある
・日本舞踊など伝統芸能が好き
・技術をみがくための努力を続けられる

(こんな仕事)
　日本の伝統芸能、歌舞伎を演じる役者です。演目には「古典」だけでなく「新作」もあり、主役級の「名題俳優」のほか「名題下」とよばれる立ちまわりや脇役をつとめる役者も舞台を盛り上げています。女性役も男性が演じるのが特徴です。

(歌舞伎俳優になるには)
　歌舞伎俳優の家系に生まれ、親から受けつぐ場合が多いですが、日本芸術文化振興会による歌舞伎俳優養成事業では研修生を一般公募しています。

▶ 職場体験完全ガイド ㊵ p.23

能楽師

(こんな人が向いている!)
・表現力とリズム感に自信がある
・古典芸能の世界観が好き
・プロとして高い技術をみがきたい

(こんな仕事)
　室町時代に成立した古典芸能。能楽を演じたり笛や太鼓ではやしたてたりします。主役をつとめる「シテ方」とワキ方・狂言方・囃子方をつとめる「能楽三役」の役割分担があります。それぞれに「○○流」とよばれる流派があります。

(能楽師になるには)
　家業として能楽師をつぐほか、師匠に弟子入りをする人も。日本芸術文化振興会では能楽三役の研修生を公募しており、修了後は能楽協会に所属します。

▶ 職場体験完全ガイド ㊱ p.3

落語家

(こんな人が向いている!)
・人に楽しんでもらいたい
・物語の世界に入ることが好き
・稽古や研究をこつこつと続けられる

(こんな仕事)
　演芸場である寄席などで高座にあがり、身ぶり手ぶりでオチのある噺を観客に届けます。お囃子さんが効果音を入れることもありますが、1人で演じ切ることが特徴です。江戸時代から伝わる「古典」のほか、最近つくられた「新作落語」を演じる人も。

(落語家になるには)
　師匠に弟子入りし、寄席でお茶くみなどもふくめた前座修業からはじめるのが一般的。学歴などの必要な資格はないものの、協会によっては年齢制限があります。

▶ 職場体験完全ガイド ㉟ p.15

お笑い芸人

(こんな人が向いている!)
・独自のセンスを表現するのが好き
・失敗した体験をエネルギーにできる
・日常のなかのおもしろさに気づける

(こんな仕事)
　テレビ番組やライブで観客を笑わせます。ピン芸人として1人で活動するほか、2人以上のグループでは「ボケ」「ツッコミ」など役割分担がある場合も。ネタをつくる能力だけでなく、演技力や身体能力、トークの技術も必要な仕事です。

(お笑い芸人になるには)
　個人でコンテストに挑戦したり、オーディションを受けたりして、芸能事務所に所属するのが一般的です。養成所やスクールもあります。

▶ 職場体験完全ガイド ㉚ p.3

大道芸人

(こんな人が向いている！)

・空や高いところが好き
・大きな仕かけや舞台芸術にひかれる
・技術を高める訓練を楽しめる

(こんな仕事)

　街頭や仮設小屋などでパフォーマンスをします。芸の種類はアクロバティックな軽業やジャグリングなどさまざまで、凝った衣装や仕かけで観客を湧かせる人も多いです。公道でパフォーマンスを行うには自治体などの許可が必要です。

(大道芸人になるには)

　マネジメント事務所に所属するほか、フリーランスとして個人で活動する人も多いです。場をもりあげるトークや構成力もみがいておくとよいでしょう。

▶ 職場体験完全ガイド ㉚ p.35

マジシャン

(こんな人が向いている！)

・手先の器用さに自信がある
・人をおどろかせたり楽しませたりしたい
・心理的なかけひきを楽しむことができる

(こんな仕事)

　ステージなどでマジックを披露し、観客を楽しませる仕事です。テレビやショーだけでなく、企業のイベントなど披露する場所はさまざま。マジックの技術を日々みがき、「タネ」を増やしていきます。言葉なしでも伝わるため、海外での活躍も可能です。

(マジシャンになるには)

　マジック教室の受講やプロのマジシャンへの師事でまずは腕を上げることからスタート。コンテストにもチャレンジし、実力と知名度を上げていきます。

▶ 職場体験完全ガイド ㊸ p.25

ダンサー

(こんな人が向いている！)

・音楽やリズムに乗るのが好き
・体を動かすことが得意
・インスピレーションを大切にしている

(こんな仕事)

　ライブやテーマパークを盛り上げるステージダンサーから、スポーツ競技としてブレイキン（ブレイクダンス）を踊るダンサーまで広いジャンルがある舞踏の仕事です。テクニックにくわえ、的確にリズムをとらえ、見る人の心をつかむ表現力が大事です。

(ダンサーになるには)

　子どものころから教室に通う人も多いですが、はじめてすぐにダンスバトルで活躍する人も。ダンススクールの講師や振付師としての仕事もあります。

▶ 職場体験完全ガイド ㊲ p.35

バレエダンサー

(こんな人が向いている！)

・体がやわらかい
・古典芸術や西洋美術が好き
・生活のなかで自己管理ができる

(こんな仕事)

　トーシューズをはき、ヨーロッパがルーツの舞台舞踊「バレエ」を踊ります。プロのバレエダンサーの多くはバレエ団に所属し、役を演じて公演を成功に導くのが仕事。日々のレッスンだけでなく、体重管理や姿勢の美しさに気を配ることも必要です。

(バレエダンサーになるには)

　幼いころにバレエ教室に入門する人が多く、オーディションをへてバレエ団に所属します。クラシックバレエ以外のダンスも学ぶと表現の幅が広がります。

▶ 職場体験完全ガイド ㊵ p.35

オペラ歌手

(こんな人が向いている！)

・大きな声が出せる
・クラシック音楽が好き
・海外で学び、はたらきたいと思っている

(こんな仕事)

　イタリア発祥の歌劇であるオペラを歌い、演じる仕事。歌手のなかでも特に声量や歌唱のテクニックなど高度な技術が求められ、劇場や歌劇の団体と契約して舞台に立ちます。ソプラノ・アルト・テノール・バリトンなど、声域によって配役が決まります。

(オペラ歌手になるには)

　独学がむずかしいため、教室や音楽大学・専門学校などで声楽を学びます。プロとして海外で活躍するためにも、ドイツやイタリアに留学する人が多いです。

▶ 職場体験完全ガイド 30 p.35

シンガーソングライター

(こんな人が向いている！)

・歌うこと、楽器を演奏することが好き
・自分の感情を言葉にすることが得意
・いろんなことに感動できるタイプ

(こんな仕事)

　歌手の中でも、自分でつくった歌を自ら歌うのがシンガーソングライターです。歌の表現力だけでなく、作詞・作曲ができることが必須です。その能力をいかしてほかの歌手に楽曲を提供したり、ボカロ（ボーカロイドのことで歌声を合成するアプリ）に歌わせたりすることもあります。

(シンガーソングライターになるには)

　楽器やパソコンを使い、オリジナル楽曲をつくります。ライブ活動を行ったり、コンテストに挑戦したり、インターネット上で発表したり、レコード会社に送ったりして、実力が認められて音楽事務所に所属するのが一般的です。フリーで活動する人も。

「職場体験完全ガイド」で紹介した仕事

「演じるのが好き！」な人が興味を持ちそうな仕事をPICK UP！

こんな仕事も…

芸能マネージャー／音楽プロデューサー／狂言師／サーカス団員／Vチューバー

興味のある仕事がたくさんあるからいろいろ調べてみようかな。

関連のある仕事や会社もCHECK！

関連のある仕事

関連のある会社

取材協力

SHUGO TOKUMARU
株式会社 GENKI LABO
株式会社 TBS ラジオ
株式会社 トゥインクル・コーポレーション
株式会社 ユマニテ
日本放送協会（NHK）
藤間亜寿賀日本舞踊教室

*6 ページ、7 ページ上の写真は、
NHK特集ドラマ「風よ あらしよ」
（放送予定：2022 年 3 月下旬／ BS
8K、2022 年秋／ BS プレミアム・
BS 4K）のものです。

スタッフ

イラスト	加藤アカツキ
ワークシート監修	株式会社 NCSA
	安川直志（キャリアデザインアドバイザー）
	安川志津香（キャリアデザインアドバイザー）
編集・執筆	須藤智香
	田口純子
	樋口かおる
	室谷明津子
	若林理央
撮影	大森裕之
	南阿沙美
撮影協力	齋藤純那
デザイン	パパスファクトリー
編集・制作	株式会社 桂樹社グループ
	広山大介

ジブン未来図鑑 職場体験完全ガイド+ ④ 演じるのが好き！

俳優・タレント・アーティスト・ユーチューバー

発行　2022年4月　第1刷

発行者　千葉 均
編集　栁屋 洋子
発行所　株式会社 ポプラ社
　　　　〒102-8519
　　　　東京都千代田区麹町4-2-6
ホームページ　www.poplar.co.jp（ポプラ社）
　　　　　　　kodomottolab.poplar.co.jp（こどもっとラボ）
印刷・製本　図書印刷株式会社

あそびをもっと、
まなびをもっと。
？！
こどもっとラボ

ポプラ社はチャイルドラインを応援しています

18さいまでの子どもがかけるでんわ
チャイルドライン®
0120-99-7777
毎日午後4時〜午後9時 ※12/29〜1/3はお休み

18さいまでの子どもがかける子ども専用電話です。
困っているとき、悩んでいるとき、うれしいとき、
なんとなく誰かと話したいとき、かけてみてください。
お説教はしません。ちょっと言いにくいことでも
名前は言わなくてもいいので、安心して話してください。
あなたの気持ちを大切に、どんなことでもいっしょに考えます。

電話代はかかりません 携帯（スマホ）OK
チャット相談はこちらから

自分の未来を「好き」から選ぶ、キャリア教育の新定番！

ジブン未来図鑑 職場体験完全ガイド＋ N.D.C.366（キャリア教育） 全5巻

第 1 期

❶ 食べるのが好き！ パティシエ・シェフ・すし職人・料理研究家

❷ 動物が好き！ 獣医・トリマー・動物飼育員・ペットショップスタッフ

❸ おしゃれが好き！ ファッションデザイナー・ヘアメイクアップアーティスト・スタイリスト・ジュエリーデザイナー

❹ 演じるのが好き！ 俳優・タレント・アーティスト・ユーチューバー

❺ デジタルが好き！ ゲームクリエイター・プロダクトマネージャー・ロボット開発者・データサイエンティスト

仕事の現場に完全密着！ 取材にもとづいた臨場感と説得力！！

職場体験完全ガイド N.D.C.366（キャリア教育） 全75巻

第 1 期

❶ 医師・看護師・救急救命士 ❷ 警察官・消防官・弁護士 ❸ 大学教授・小学校の先生・幼稚園の先生 ❹ 獣医師・動物園の飼育係・花屋さん ❺ パン屋さん・パティシエ・レストランのシェフ ❻ 野球選手・サッカー選手・プロフィギュアスケーター ❼ 電車の運転士・パイロット・宇宙飛行士 ❽ 大工・人形職人・カーデザイナー ❾ 小説家・漫画家・ピアニスト ❿ 美容師・モデル・ファッションデザイナー

第 2 期

⓫ 国会議員・裁判官・外交官・海上保安官 ⓬ 陶芸家・染めもの職人・切子職人 ⓭ 携帯電話企画者・ゲームクリエイター・ウェブプランナー・システムエンジニア（SE） ⓮ 保育士・介護福祉士・理学療法士・社会福祉士 ⓯ 樹木医・自然保護官・風力発電エンジニア ⓰ 花卉農家・漁師・牧場作業員・八百屋さん ⓱ 新聞記者・テレビディレクター・CM プランナー ⓲ 銀行員・証券会社社員・保険会社社員 ⓳ キャビンアテンダント・ホテルスタッフ・デパート販売員 ⓴ お笑い芸人・俳優・歌手

第 3 期

㉑ 和紙職人・織物職人・蒔絵職人・宮大工 ㉒ 訪問介護員・言語聴覚士・作業療法士・助産師 ㉓ 和菓子職人・すし職人・豆腐職人・杜氏 ㉔ ゴルファー・バレーボール選手・テニス選手・卓球選手 ㉕ テレビアナウンサー・脚本家・報道カメラマン・雑誌編集者

第 4 期

㉖ 歯科医師・薬剤師・鍼灸師・臨床検査技師 ㉗ 柔道家・マラソン選手・水泳選手・バスケットボール選手 ㉘ 水族館の飼育員・盲導犬訓練士・トリマー・庭師 ㉙ レーシングドライバー・路線バスの運転士・バスガイド・航海士 ㉚ スタイリスト・ヘアメイクアップアーティスト・ネイリスト・エステティシャン

第 5 期

㉛ ラーメン屋さん・給食調理員・日本料理人・食品開発者 ㉜ 検察官・レスキュー隊員・水道局職員・警備員 ㉝ 稲作農家・農業技術者・魚屋さん・たまご農家 ㉞ 力士・バドミントン選手・ラグビー選手・プロボクサー ㉟ アニメ監督・アニメーター・美術・声優

第 6 期

㊱ 花火職人・筆職人・鋳物職人・桐たんす職人 ㊲ 書店員・図書館司書・翻訳家・装丁家 ㊳ ツアーコンダクター・鉄道客室乗務員・グランドスタッフ・外国政府観光局職員 ㊴ バイクレーサー・重機オペレーター・タクシードライバー・航空管制官 ㊵ 画家・映画監督・歌舞伎俳優・バレエダンサー

第 7 期

㊶ 保健師・歯科衛生士・管理栄養士・医薬品開発者 ㊷ 精神科医・心療内科医・精神保健福祉士・スクールカウンセラー ㊸ 気象予報士・林業作業士・海洋生物学者・エコツアーガイド ㊹ 板金職人・旋盤職人・金型職人・研磨職人 ㊺ 能楽師・落語家・写真家・建築家

第 8 期

㊻ ケアマネジャー・児童指導員・手話通訳士・義肢装具士 ㊼ 舞台演出家・ラジオパーソナリティ・マジシャン・ダンサー ㊽ 書籍編集者・絵本作家・ライター・イラストレーター ㊾ 自動車開発エンジニア・自動車工場従業員・自動車整備士・自動車販売員 ㊿ 彫刻家・書道家・指揮者・オペラ歌手

第 9 期

51 児童英語教師・通訳案内士・同時通訳者・映像翻訳家 52 郵便配達員・宅配便ドライバー・トラック運転手・港湾荷役スタッフ 53 スーパーマーケット店員・CD ショップ店員・ネットショップ経営者・自転車屋さん 54 将棋棋士・総合格闘技選手・競馬騎手・競輪選手 55 プログラマー・セキュリティエンジニア・アプリ開発者・CG デザイナー

第 10 期

56 NASA 研究者・海外企業日本人スタッフ・日本企業海外スタッフ・日本料理店シェフ 57 中学校の先生・学習塾講師・ピアノの先生・料理教室講師 58 駅員・理容師・クリーニング屋さん・清掃作業スタッフ 59 空手選手・スポーツクライミング選手・プロスケートボーダー・プロサーファー 60 古着屋さん・プロゲーマー・アクセサリー作家・大道芸人

第 11 期 会社員編

61 コクヨ・ヤマハ・コロナ・京セラ 62 富士通・NTTデータ・ヤフー・ND ソフトウェア 63 タカラトミー・キングレコード・スパリゾートハワイアンズ・ナゴヤドーム 64 セイコーマート・イオン・ジャパネットたかた・アマゾン 65 H.I.S.・JR 九州・伊予鉄道・日本出版販売

第 12 期 会社員編

66 カルビー・ハウス食品・サントリー・雪印メグミルク 67 ユニクロ・GAP・カシオ・資生堂 68 TOTO・ニトリホールディングス・ノーリツ・ENEOS 69 TBS テレビ・講談社・中日新聞社・エフエム徳島 70 七十七銀行・楽天 Edy・日本生命・野村ホールディングス

第 13 期 会社員編

71 ユニ・チャーム・オムロン ヘルスケア・花王・ユーグレナ 72 三井不動産・大林組・ダイワハウス・乃村工藝社 73 au・Twitter・MetaMoJi・シャープ 74 ABEMA・東宝・アマナ・ライゾマティクス 75 東京書籍・リクルート・ライフイズテック・スイッチエデュケーション

ワークシート 「自分のキャリアをイメージしてみよう」

STEP1

❶

「自分の生まれた年」と「現在の年齢」、「今好きなこと」や「小さいころ好きだったこと」を書いてみましょう。

❷

この本で紹介している4人の「今までとこれから」を参考に、「**これから学びたいこと**」「**してみたいこと（アルバイトなど）**」「**どんな仕事につきたいか**」「**どこにだれと住んでいたいか**」を、年齢も入れながら書いてみましょう。

❸

60歳の自分が「どんなくらしをしているか」、想像して書いてみましょう。

❹

気づいたことを、メモしておきましょう。

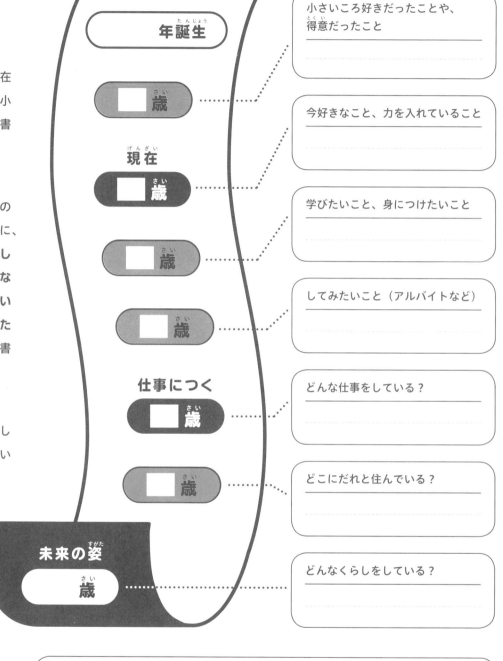

年誕生

□歳

現在

□歳

□歳

□歳

仕事につく

□歳

□歳

未来の姿

□歳

小さいころ好きだったことや、得意だったこと

今好きなこと、力を入れていること

学びたいこと、身につけたいこと

してみたいこと（アルバイトなど）

どんな仕事をしている？

どこにだれと住んでいる？

どんなくらしをしている？

STEP2

なりたい自分に近づくために必要なことは何か、課題は何か、考えてみましょう。

なりたい自分に近づくために必要なこと

気づいたこと